A Rookie reader español

Escrito por Bobbie Hamsa
Ilustrado por Donna Catanese

Children's Press®
Una División de Scholastic Inc.
Nueva York • Toronto • Londres • Auckland • Sydney
Ciudad de México • Nueva Delhi • Hong Kong
Danbury, Connecticut

Para mi superhéroe #1
— D.C.

Asesoras de lectura
Linda Cornwell
Especialista en alfabetización

Katharine A. Kane
Asesora educativa
(Jubilada de la Oficina de Educación del condado de
San Diego y de la Universidad Estatal de San Diego)

Biblioteca del Congreso. Catalogación de la información sobre la publicación

Hamsa, Bobbie
    [Dirty Larry. Spanish]
    Larry, *el Sucio* / escrito por Bobbie Hamsa; ilustrado por Donna Catanese.
        p. cm.— (Principiante de español)
    Resumen: No importa lo que haga, Larry siempre se ensucia, excepto
cuando se ducha.
    ISBN 0-516-22690-8 (lib. bdg.)   0-516-27798-7 (pbk.)
    [1. Limpieza—Ficción. 2. Cuentos en rima. 3. Materiales de lectura
en español.] I. Catanese, Donna, ilustr. II. Título. III. Serie.
    PZ74.3.H36 2002
    [E]—dc21   2002067344

Larry, *el Sucio* se ensucia
en cualquier lugar que esté.

**Dedos sucios.
Manos sucias.**

Cara sucia.

Ropa sucia.

**Pies sucios.
Fondillos sucios.**

Rodillas sucias.
Narices sucias.

**Ojos sucios.
Orejas sucias.**

Cuello sucio.

Dedos de los pies sucios.

Larry, *el Sucio* se ensucia
a cualquier hora.

El único momento en el que
Larry está limpio
es cuando está en la ducha.

LISTA DE PALABRAS (36 PALABRAS)

a	está	ojos
cara	esté	orejas
cualquier	fondillos	pies
cuando	hora	que
cuello	la	rodillas
de	Larry	ropa
dedos	limpio	se
ducha	los	sucia
el	lugar	sucias
en	manos	sucio
ensucia	momento	sucios
es	narices	único

ACERCA DE LA AUTORA

Bobbie Hamsa nació y creció en Nebraska y tiene un título de licenciada en literatura inglesa. Ha trabajado como redactora de impresión, radio y televisión, y también ha escrito varios libros infantiles .

ACERCA DE LA ILUSTRADORA

Donna Catanese vive en Cleveland, Ohio, con su esposo Joe que también es un artista. Tienen dos gatos siameses, Christopher y Cleo, que creen que también son artistas. ¡Donna espera que te diviertas tanto al leer este libro como ella se divirtió al crear las ilustraciones!